Renacer como pareja
-consejería matrimonial-

Phillip A. Johansen

Editorial Anuket

Índice

Capítulo 1
Problemas comunes
en las parejas

Constantemente surgen dificultades en la familia. Alguien se enfermó, no hay suficiente dinero, el niño trajo un aplazo, el auto se descompuso, vino otra crisis. Si todo está bien en la familia, esos problemas se resuelven muy rápidamente. Pero si no se puede lidiar con las dificultades temporales, si se convierten en obstáculos insuperables, entonces podemos decir que los problemas familiares están maduros.

En este caso, toda la familia y cada persona incluida en ella se vuelve infeliz, y la unión misma deja de ser armoniosa. Esto sucede por una serie de razones que están relacionadas con el campo de la psicología. Echemos un vistazo más de cerca a algunos de ellos.

* **Razón uno: "Simplemente no somos el uno para el otro"**

Sucede que las personas contraen matrimonio por razones de conveniencia, o por el deseo de olvidar un amor anterior fallido, o el deseo imperante de salir de la casa paterna. En este caso, a menudo no piensan en las consecuencias de su decisión. Y después de un par de años, comienzan a comprender que vivir con un absolutamente extraño es simplemente insoportable. Los conflictos surgen simplemente porque la diferencia en la percepción del mundo es demasiado grande.

El dicho "ten paciencia, enamórate" está lejos de ser siempre cierto. El matrimonio concluido por pasión o amor fuerte conduce al mismo problema, cuando los jóvenes aún no saben cómo asumir la responsabilidad de sus propias acciones, y no tienen suficiente experiencia para predecir las consecuencias de sus acciones.

Los llamados matrimonios "dinásticos", cuando existe la tradición de casar a miembros de una familia en particular, o cuando los padres simplemente acuerdan la unión de sus hijos, a menudo no son menos infelices. Después de todo, el esposo y la esposa simplemente se convierten en rehenes de los objetivos de otras personas.

Si entiende que usted y su pareja formaron una alianza por error, la mejor salida es simplemente dejarse ir y dispersarse. En situaciones en las que esto no sea posible, al menos debe hacer explícito el problema y acordar cómo se construirá su relación a partir de ahora.

- **Razón dos: objetivos extraños**

A menudo, la familia de los cónyuges se convierte en un lugar donde se pueden alcanzar metas incompatibles con una vida feliz. Por ejemplo, puede ser una necesidad de someter a otra persona, un deseo de afirmarse. También sucede muy a menudo que uno de los socios utiliza al otro para obtener una posición estable en la sociedad y otros beneficios, sin querer dar nada a cambio.

En este caso, un acuerdo sobre cómo se organizará su relación y, por supuesto, prioridades claramente definidas, puede ayudar. Debe entender qué es más importante para usted: la felicidad familiar o recibir ciertos beneficios. De una forma u otra, su cónyuge tiene derecho a saber sobre esto y comprender cómo interactuarán.

- **Razón tres: resentimiento**

El resentimiento es probablemente la causa más común de matrimonios rotos. Si estamos ofendidos, entonces siempre estamos cien por ciento convencidos de que tenemos razón y estamos ansiosos por lograr la justicia a toda costa. Y, ¡atención! En este punto, se cambia el objetivo. Iban a hacerse felices el uno al otro "para siempre", pero ellos mismos comenzaron a luchar por su propia justicia, cambiaron de rumbo y comenzaron a alejarse de la armonía familiar.

Pero, ¿qué hacer?, ¿cómo salvar a una familia? Después de todo, el resentimiento causa un dolor intenso, que es simplemente imposible de soportar. Una muy buena salida es acudir a una tercera persona que escuchará los argumentos de ambas partes y les ayudará a restablecer lo "justo". O uno de ustedes debería ser más sabio y sacrificar su derecho a ofenderse para tratar de mirar la situación desde afuera y encontrar una salida.

Hay un arma psicológica secreta que ayuda mucho en una situación en la que necesita aliviar la tensión que ha surgido debido al resentimiento. Imagínese a usted mismo en el lugar de su oponente, o sea intercambie roles; en este caso, el de su cónyuge. Mírese al espejo o mire a un almohadón, háblele y descríbale sus propios sentimientos, comenzando la conversación con las palabras: "Entiendo que...". Es importante que realmente entienda y pienses que el otro también lo escuchará y entenderá. Créame, en el 90% de los casos esto será suficiente para pasar después a un diálogo constructivo.

• **Razón cuatro: todos venimos de la infancia**

A veces no queremos ser felices nosotros mismos. Por desgracia, esto no es un mito ni palabras de moda inventadas por psicólogos, sino una realidad conductual. Las quejas y decisiones de la niñez afectan la vida adulta. La forma en que los padres interactúan también afecta cómo una persona construirá su familia.

Por ejemplo, si un niño en la infancia decidió que por despecho no quería crecer o vivir siempre solo, esa actitud bien podría conservarse hasta la edad adulta. Esto también puede deberse si el niño ha sufrido burlas por sus pares, y por ello ha construido una personalidad solitaria. Ahora su forma de comunicarse con su esposa es tal que los problemas familiares son inevitables. El deseo de soledad y una vida familiar próspera son incompatibles.

Puede proteger a sus hijos de tales decisiones si piensa de antemano cómo ayudarlos a sobrellevar situaciones estresantes. No menos destructiva es la tendencia de uno de los cónyuges a violar los límites de la personalidad de la otra persona. La falta de voluntad o la incapacidad para valerse por sí mismo conduce a la dependencia, que destruye las relaciones, haciendo imposible la interacción constructiva en pie de igualdad.

Todos tenemos que tomar una decisión en algún momento. Entonces, los cónyuges tienen que decidir si crecer, criar hijos, hacer cosas comunes o dispersarse, manteniendo la libertad y la independencia. Tanto eso, como otra decisión tiene derecho a la existencia. Es solo que sentarse en dos sillas al mismo tiempo no funcionará, habrá que sacrificar algo.

Por supuesto, todos los problemas familiares no pueden reducirse a las razones descritas anteriormente. Parafraseando las palabras del clásico, todas las familias infelices son infelices a su manera y por sus propias razones especiales. Sin embargo, puede hacer frente a cualquier situación si acepta que los problemas no desaparecerán por sí solos, necesitan ser resueltos, además, diariamente y constantemente, y para lograr la armonía, cuando todas las tareas se resuelven por sí solas, tendrá que trabajar duro. Pero créeme, vale la pena.

Problemas más comunes que aparecen:

La rutina

Proveniente del francés "routine", se llama rutina a esa costumbre o hábito que se adquiere al repetir una misma tarea o actividad muchas veces. Visto así, se explica bien por qué los humanos somos seres rutinarios.

Desde los primeros años de vida aprendemos, por ejemplo, a lavarnos los dientes varias veces al día; desayunar, almorzar y comer en horarios específicos; bañarnos e ir a dormir en el momento habitual.

Los pequeños se adaptan a su hogar y sufren si no están en compañía de sus parientes allegados. Los adultos cuando viajan experimentan desarreglos en el organismo, lo cual atribuyen al agua, al aire, los alimentos, pero en verdad, el cuerpo siente los cambios de su cotidianidad y por eso no funciona normalmente. Por tanto, se deduce que modificar la manera de actuar no siempre resulta aconsejable. Mas, ¿es bueno llevar la rutina a todas nuestras vivencias? Evidentemente no; habida cuenta de que como lo define el diccionario se trata de acciones que se realizan sin necesidad de razonarlas.

Cuando los automatismos se extienden a todos los ámbitos de la vida llega a ser peligroso, pues, además de dar paso a la monotonía, indica que hemos perdido la creatividad y, por ende, nos sentimos apagados.

A veces tenemos la impresión de ver transcurrir un día completo sin hacer nada. Cuando analizamos percibimos que en realidad no hemos parado y eso ocurre porque las jornadas son tan iguales que ni siquiera nos percatamos de que el tiempo pasa. Esta sensación de agobio representa la señal de que hay que empezar a ser más originales.

Si bien es cierto que las rutinas son necesarias para alcanzar un nivel de tranquilidad y de predictibilidad sobre lo que ocurre en torno a nosotros, también y como en casi todo, los extremos hacen daño.

Así sucede con frecuencia en las relaciones de pareja, donde provocan que sus cimientos comiencen a tambalearse. De ahí que algunos psicólogos sugieran seguir determinadas pautas para evitarlo. Entre ellas, dialogar y negociar, pues diferentes puntos de vista enriquecen y dinamizan el vínculo amoroso.

De igual modo ha de compartirse la responsabilidad a la hora de tomar decisiones, hay que hablar claro, eliminar sobreentendidos, silencios acusatorios y suposiciones que generen desconfianza y distanciamiento. Una pregunta, un comentario a tiempo que refleje el grado de disconformidad, evita que se dé todo por dicho y acabado.

A ello se añade la propuesta de mantenernos abiertos a nuevas experiencias pensando en que nunca dejarán de asombrarnos. Y quizás lo más importante: conservar la ilusión. La sorpresa representa un factor clave para terminar con ese tedio habitual. El hecho de organizar una escapada de fin de semana o una cena romántica, sin que el otro lo espere, hace que la relación sea más apasionante.

Reflexionar, entonces, nos enseña que aun cuando no debemos desterrar del todo a la rutina, requiere que seamos selectivos y la utilicemos solo para lo estrictamente necesario.

Monotonía en la pareja

La rutina, el aburrimiento y la monotonía en la pareja son unas de las grandes dificultades de las relaciones. Con el paso del tiempo, gradualmente se va perdiendo la pasión de los primeros momentos; además, el trascurso de los años y la confianza mutua hacen la rutina se asiente en el día a día. Esta rutina no es mala en sí misma, pero puede ser una amenaza para la relación de no gestionarse adecuadamente.

Cuando la monotonía se adueña de la relación, la tendencia habitual es responsabilizar a la pareja; en estos casos es necesario ser consciente de que la responsabilidad es de ambas partes. Por ello, se hace necesario establecer pautas que eviten que la rutina termine por destruir la relación. Reconocer que existe un problema, hablar sobre ello y buscar un compromiso por parte de los dos miembros es necesario para encontrar una solución.

Dicho esto, también hay que considerar que la rutina es una parte inevitable y necesaria en la vida. Nuestra existencia sería un caos inasumible sin la existencia de esta rutina, que nos proporciona unas pautas conocidas y previsibles; del mismo modo sucede en las relaciones sentimentales, ya que estas no serían sostenibles en el tiempo de no tranquilizarse. Aunque la pasión de los primeros años puede resultar atractiva, también es emocionalmente agotadora. En este sentido, la rutina permite que nuestras relaciones de pareja se mantengan sólidas y duraderas.

La clave, sin embargo, está en no confundir rutina con monotonía. Mientras que la primera implica unas pautas establecidas y previsibles, la segunda se define por el desinterés y aburrimiento. Así, la monotonía sí que es efectivamente uno de los grandes peligros a los que se enfrentan todas las parejas.

¿Cuáles son las causas que pueden generar monotonía en la pareja?

Cada pareja es un mundo, por lo que no cabe hablar de supuestos comunes a todas y cada una de ellas. Sin embargo, sí existen algunos elementos que frecuentemente se repiten en todas aquellas relaciones que han caído en la monotonía. Estos elementos suelen obedecer a ámbitos distintos.

Situación personal de cada uno de los miembros de la pareja:

- **Agotamiento físico o psicológico**: muchas veces, al llegar a casa después del trabajo nos encontramos agotados. Nuestro cansancio es tal que lo único que nos apetece es tumbarnos en el sofá y "desconectarnos" del estrés diario. Aunque esta puede ser una buena estrategia para evadirnos de nuestras preocupaciones laborales, es muy perjudicial para la relación sentimental. Si a esto añadimos horarios profesionales que muchas veces son incompatibles, la comunicación en la pareja resulta así casi imposible.

- **Falta de motivación**: en otras ocasiones, simplemente no nos apetece salir de nuestra zona de confort. Nos sentimos cómodos en ella y no deseamos hacer el esfuerzo requerido para romper la rutina. Disponer de un entorno previsible nos hace sentir seguros, por lo que terminamos evitando toda improvisación. Esta suele ser una de las formas más comunes de caer en la monotonía en la pareja.

- **Intereses individuales**: frecuentemente, al iniciar una relación, abandonamos algunas de nuestras aficiones en favor de otras comunes a la pareja. Sin embargo, pasado un tiempo es normal que se intenten retomar estos intereses. Cuando estas aficiones individuales son totalmente exclusivas, y no se comparte ninguna con la pareja, podemos encontrar un problema. Por ello, es necesario encontrar, más allá de los hobbies personales, puntos de encuentro y compartidos.

• **Causas externas**: también pueden influir aspectos externos a cada uno de los miembros de la pareja. Un ejemplo frecuente es el de aquellos matrimonios cuyos hijos se van haciendo mayores. En estos casos, es común que al tener los hijos cada vez mayor peso sobre los planes de la familia, se vayan perdiendo gradualmente los contactos con los amigos comunes de los adultos. Esta situación puede dar lugar a una falta de relaciones sociales que incremente la monotonía en la pareja.

Tipo de interacción que se desarrolla en la pareja

• **Dar por supuesto el amor**: aunque parezca una obviedad, no hay que olvidar decir "te quiero". Muchas veces asumimos que la otra persona sabe lo que sentimos por ella, o que la queremos; sin embargo, esto no es necesariamente así. Mostrar sentimientos de afecto hacia nuestra pareja, y pedirle que haga lo mismo, es necesario para mantener vivo el cariño.

• **Falta de comunicación**: a veces decimos de nuestro socio sentimental que "sabemos lo que piensa sin necesidad de hablar". Sin embargo, muchas veces esto no es así, y simplemente asumimos que sabemos lo que piensa el otro. En otras ocasiones, es simplemente desidia o desinterés lo que hace que no nos comuniquemos con nuestra media naranja. Sea como sea, la falta de comunicación en la pareja es una de las formar más rápidas de caer en la monotonía.

• **Pasividad en la relación**: se da cuando esperamos que sea el otro quien tome la iniciativa en romper la rutina. Así, delegamos nuestra responsabilidad en un origen externo, y la otra parte suele terminar desistiendo. Al final, es una muestra de nuestro desinterés en intentar romper la monotonía en la que ha caído la relación.

• **Resentimiento y reproches**: cuando achacamos culpas o responsabilidades a nuestra pareja, terminamos por impedir cualquier dinámica constructiva. Para no discutir, se opta por no hablar, actuar simplemente como compañeros de vivienda. Este tipo de dinámica termina por destruir cualquier tipo de complicidad, haciendo que a lo máximo a lo que se pueda aspirar sea a la no conflictividad.

• **Evolución distinta de cada miembro de la pareja**: como resultado de un distanciamiento progresivo a lo largo de los años. Posiblemente en el comienzo de la relación se partía de un mismo momento vital; sin embargo, el paso del tiempo y las vivencias particulares pueden hacernos evolucionar de distinto modo.

¿Cómo saber si la monotonía en la pareja se está convirtiendo en un problema?

La monotonía en la pareja no se manifiesta de manera inmediata ni evidente. Por el contrario, suele ser un proceso gradual, del cual vamos haciéndonos conscientes poco a poco. Por ello, como todos los problemas es importante encontrarle solución cuanto antes, para evitar que vaya a más. Así, es conveniente estar alerta ante las posibles señales de que su relación pueda estar volviéndose monótona:

• **Aburrimiento**: es la muestra más evidente de la monotonía. Al principio, puede ser algo tan simple como dejar de disfrutar del tiempo que se pasa con nuestro compañero de vida; con el tiempo, suele convertirse en una relación marcada por los silencios y la escasa interacción. Finalmente, puede llegar a ser un elemento que nos haga replantearnos directamente si merece la pena seguir juntos.

• **Echar en falta la pasión de los primeros momentos**: es algo normal, que sucede en todas las parejas. No obstante, si esa añoranza es excesiva, puede ser indicativo de que algo falla; quizás no conocíamos cómo era realmente nuestra pareja, o puede que simplemente no haya puntos en común.

• **Sentimientos de frustración o enfado**: es un indicativo claro de que no nos encontramos bien personalmente. Esto puede suceder como respuesta a una insatisfacción con nuestra relación, que nos hace sentirnos frustrados.

• **Incapacidad para comunicarse**: comunicarse no implica simplemente hablar. Se trata de compartir aspectos importantes de la vida propia con el otro. Una forma de monotonía es hablar siempre sobre el trabajo, los hijos, la economía familiar, etc. Junto a esto, también es importante tratar aspectos como los objetivos personales, las preocupaciones, o proyectos compartidos.

• **Sensación de tristeza o soledad**: son sentimientos normales como reacción a una relación insatisfactoria. Sucede al no sentirse valorado por la pareja, o al sentirse solo incluso estando en su compañía.

¿Existen distintos tipos de monotonía en la pareja?

La monotonía en la pareja se caracteriza por la falta de variedad en la relación, lo que termina por producir desinterés y aburrimiento. Esa falta de interés conlleva que no se disfrute, y que incluso se intenten evitar ciertas situaciones consideradas tediosas. Sin embargo, lógicamente no todo nos aburre por igual, por lo que existen distintos ámbitos donde se produce la monotonía. Así, algunos de los más frecuentes son los siguientes:

• **Monotonía en las relaciones sexuales**: es uno de los más frecuentes. Con el paso del tiempo, el sexo puede perder su espontaneidad y convertirse en algo automático. El sexo es uno de los aspectos más importantes en las relaciones de pareja; por ello, se trata de un área especialmente sensible, que puede dañar otros aspectos de la relación.

• **Monotonía en las relaciones sociales**: bien por frecuentar siempre a los mismos amigos, bien por no frecuentar a ninguno. Es una pauta común en muchas parejas tener un mismo grupo de amistades a lo largo de los años. En ocasiones, con el tiempo esto puede volverse aburrido y echar en falta situaciones o personas nuevas. Otras veces, esos amigos ni siquiera existen, por lo que la pareja pasa todo su tiempo sin otras personas.

• **Monotonía en los aspectos vitales**: es posiblemente la situación más complicada. Mientras que en los dos supuestos anteriores es relativamente sencillo encontrar una solución, aquí es más complejo. En este caso hablamos de personas que han perdido la capacidad de disfrutar con todo, que no encuentran placentero ningún aspecto de su vida en pareja. Se trata, por lo tanto, de relaciones que se encuentran en una grave crisis, aunque puedan durar toda la vida.

¿Cómo se puede evitar la monotonía en la pareja?

El primer paso para evitar la monotonía en la pareja pasa por mejorar la comunicación. Solo mediante un diálogo claro y directo, en el que podamos exponer nuestras insatisfacciones y frustraciones, podremos abordar el problema. No se trata aquí de achacar responsabilidades al otro, ni de buscar soluciones milagrosas; por el contrario, la finalidad es poner las bases para recuperar una complicidad y confianza ya perdidas.

Después, existen multitud de pequeñas acciones que pueden favorecer salir de la rutina. Buscar excusas para celebrar, como los aniversarios o los cumpleaños, hacer una escapada romántica, sorprender con pequeños regalos, etc., son solo algunas de las muchas cosas que podemos hacer para mostrar a nuestro socio que nos importa y que lo queremos, añadiendo además el factor sorpresa de lo inesperado.

Sin embargo, todas estas acciones no son una solución en sí mismas, sino tan solo pequeñas muestras de que nos preocupamos por nuestra relación. Y esta preocupación hay que acompañarla con actitudes, y no solo gestos. Así, es necesario mostrar un comportamiento proactivo, favorecer la comunicación y dar el primer paso.

En algunas ocasiones, hay parejas que pese a quererse profundamente, no saben cómo hacerlo. En estos casos, puede ser de ayuda recurrir a un profesional externo que nos oriente. Un psicólogo especialista en terapia de pareja puede aconsejarnos y ofrecernos un nuevo punto de partida en nuestra relación.

Capítulo 2
Problema capital:
La falta de comunicación

Los problemas de comunicación en la pareja son posiblemente el elemento más importante en los conflictos sentimentales. La comunicación es imprescindible para poder solucionar estos problemas, pero además muchas veces es también la causa que los origina. Muchas veces resulta difícil identificar y evitar pautas de comunicación tóxicas, que inconscientemente dan lugar a disputas.

Igualmente, importante es desarrollar la capacidad de escucha, ya que sin esta no puede existir una comunicación realmente efectiva. Únicamente prestando atención a lo que nos transmite y siente nuestra pareja, podremos empatizar y comprender su situación. Además, los reproches, las faltas de respeto o los sarcasmos son hábitos a los que recurrimos inconscientemente y que pueden resultar verdaderamente nocivos para nuestra relación.

Muchas veces, los problemas de comunicación en el matrimonio no tienen nada que ver con la falta de afecto; de hecho, hay muchas relaciones en las que ambas partes se quieren profundamente, pero que sin embargo no saben comunicarse. Así, la incapacidad para establecer una comunicación efectiva es uno de los problemas que más puede dañar la pareja.

La comunicación es el acto por el cual se transmite y recibe información. Este último punto es crucial, ya que no basta simplemente con emitir un mensaje; para que exista realmente comunicación, la clave está en que este debe ser recibido y comprendido. Esta comunicación es por lo tanto indispensable en cualquier relación, hasta el punto de poder afirmar que si no existe diálogo no puede existir una pareja propiamente dicha. El diálogo, ya sea verbal o no verbal, es el que permite crear un proyecto de vida en común.

¿A qué se deben los problemas de comunicación en la pareja?

Existen muchas razones que pueden dar lugar a los problemas de comunicación en la pareja; de estas, posiblemente la más frecuente es que nunca se llegó a aprender cómo comunicarse apropiadamente. Cada uno de nosotros, nos comunicamos conforme a patrones que hemos aprendido o desarrollado a lo largo de nuestra vida. Esto implica que, muchas veces sin saberlo, nuestras actitudes y forma de comunicar están condicionadas por nuestro pasado; así, elementos como la empatía o la capacidad de escucha son valores personales que influyen drásticamente sobre nuestra comunicación.

Otro problema común en la comunicación se produce cuando hay ruidos o interferencias. Esto sucede cuando lo que queremos expresar no es lo mismo que entiende la otra persona, ya que por algún motivo el mensaje que intentamos trasladar llega distorsionado a su destinatario. Muchas veces, estas interferencias son distintas de lo que inicialmente se pudiera pensar. Elementos como la desconfianza, presuponer las intenciones de la otra persona, o creer que ya se conoce lo que le van a decir son buenos ejemplos de interferencias.

A parte de estos dos elementos, que son básicos en la comunicación, puede haber muchos otros problemas desencadenantes:

•	Dar por supuesto que la otra persona sabe lo que quieres, y no expresarlo uno mismo.

•	Mostrarnos indiferentes ante lo que nos comunican.

•	Volver a sacar una y otra vez problemas del pasado.

•	Cortar la comunicación del otro anticipándose a lo que va a decir, porque creemos saberlo.

•	Presuponer las intenciones del otro al decirnos algo.

•	No comunicar los aspectos positivos de la relación y centrarse únicamente en los negativos.

•	No verificar si lo que nos ha dicho es realmente lo que hemos comprendido.

•	Rehusar la comunicación con la otra persona, evitar la conversación.

Principales señales de alarma

Puede ser difícil diferenciar si existe realmente un problema de comunicación en la pareja, o si bien es algo puntual. Aquí, la diferencia radica en que si se trata de algo esporádico y sin mayor importancia; o bien, si en realidad la pareja no sabe comunicarse adecuadamente y existen pautas comunicativas tóxicas.

Con independencia de si se trata de cuestiones puntuales o establecidas, existen una serie de señales de alarma. Estas son indicios de que algo no va bien en el matrimonio, y de que la comunicación no es la adecuada. En este sentido, hay que considerar que puede existir un problema cuando se producen las siguientes actitudes:

•   **Actitud pasivo-agresiva**: cuando una de las partes rehúye el diálogo, o ataca a la otra persona. Esta suele ser una de las actitudes que más deterioran la comunicación en la pareja.

•   **No escuchar a la otra persona**: tan importante como comunicarse adecuadamente es escuchar al otro. No existe comunicación si la otra persona no recibe y comprende el mensaje.

•   **Ser inflexible**: es necesario aprender a ceder y negociar. De lo contrario no hay un diálogo, sino una imposición.

•   **Falta de control emocional**: es importante no dejarse llevar por las emociones, como el enfado o la tristeza. Una comunicación adecuada requiere que controlemos nuestras acciones y la manera en que reaccionamos.

•   **Criticar al otro constantemente**: una cosa es decir algo que no está bien, y otra muy distinta es criticarlo todo. Si solo criticamos lo que está mal y no proponemos un remedio, tan solo deterioraremos la relación.

•   **Ignorar a la otra persona**: para resolver los problemas es necesario tratarlos. Una cosa es pausar momentáneamente una discusión, y algo muy distinto evitarla constantemente.

•   **Insultar, faltar al respeto o despreciar**: ya sea atacando o utilizando el sarcasmo, esta es una pauta muy destructiva.

Distintos tipos de problemas de comunicación

No cabe duda de que existen infinitos tipos de problemas de comunicación en la pareja, tantos como parejas hay. Sin embargo, muchos de estos problemas tienen unas mismas causas subyacentes. En este sentido, cabría hablar de cuatro grandes causas que dan lugar a estas dificultades:

•   **Comunicación absolutista**
Este es uno de los problemas de comunicación en la pareja más común. Consiste en la falta de flexibilidad en los planteamientos propios y en la incapacidad para asumir cambios. Es un error, ya que no todas las personas mantenemos las mismas opiniones, hábitos o pareceres; por este motivo, para que las cosas se

hagan como uno cree adecuadas, la otra persona debe ceder. Con el paso del tiempo, si solo una de las partes de la pareja cede, la relación termina deteriorándose.

- **Selectividad o visión de túnel**

Este problema se produce cuando tenemos un sesgo inconsciente en nuestra percepción, generalmente negativo. Esto hace que atribuyamos a toda una mala intención; así, por ejemplo, ante cualquier acto o comentario, tenderemos a interpretar que se ha hecho con mala intención. Esto nos hace tener la necesidad de corregir a nuestra pareja constantemente, o hacerle ver que lo ha hecho mal.

- **Comunicación extremista**

Este problema es muy parecido al de la comunicación absolutista, aunque se refiere a las reacciones emocionales. Aquí, cualquier pequeña contrariedad puede ser excusa para actuar como si se hubiese producido un auténtico drama; esto está lógicamente relacionado con la falta de autocontrol y de capacidad de relativización de la persona extremista.

- **Etiquetación**

Esto consiste en estereotipar al otro, y es también uno de los problemas de comunicación en la pareja más habitual. Frecuentemente, después de una disputa aplicamos ciertas etiquetas a nuestra pareja, que luego será difícil relativizar. Así, empezamos a considerar a esta persona como "irresponsable", "traidor", "irrespetuoso", etc.

- **Anticipación**

Este problema surge cuando uno de los miembros de la pareja intenta adivinar lo que va a decir el otro.

Puesto que ambas personas están familiarizadas, se presupone que ya se conoce lo que va a decir; esto se debe a que se creen conocer sus intenciones y pensamientos, incluso antes de que estos se expresen. En última instancia, esta actitud denota una falta de confianza en la pareja, ya que se están atribuyendo intenciones al otro miembro sin dejarle que se exprese libremente.

¿Cómo se pueden mejorar los problemas de comunicación en la pareja?

La mejor manera de solucionar los problemas de comunicación en la pareja pasa por identificar las causas que los originan y buscarles solución. Sin embargo, esto no siempre es fácil, ya que muchas veces dichas causas no son evidentes. Por ello, un paso previo importante suele ser facilitar entornos en los que se pueda dar una buena comunicación: buscar espacios en los que comunicarse sin interferencias, abordar temas de interés mutuo, aparcar momentáneamente aquellas cuestiones que hayan generado conflicto, o intentar evitar los prejuicios, suelen ser unos buenos puntos de partida.

Otro elemento imprescindible para solucionar estos problemas de comunicación en la pareja pasa por mantener la complicidad. Si las dos personas no tienen ganas o interés en comunicarse, todo lo demás será inútil; esa complicidad es precisamente la base de la comunicación, el querer ver a la otra persona y hablar con ella. A partir de ahí, lo importante es aprender a identificar y mejorar las pautas de comunicación.

Muchas veces las parejas descubren que no saben resolver estas dificultades por sí mismas. En estos casos, es conveniente acudir a un psicólogo especializado en familia. Este tipo de intervenciones dotan a la pareja de herramientas para manejar una situación tan difícil como esta. En la terapia de pareja se aprende a desarrollar, de manera conjunta con su socio, estilos de relación positivos, la creación de la confianza mutua, la aceptación del otro, formas de comunicación constructivas, etc.

Capítulo 3
Comportamientos destructivos

La familia ocupa un lugar significativo en la vida de cada persona. Un niño nace en un entorno familiar, crece, luego crea su propia familia. En la familia se va formando una nueva personalidad. En una familia, por regla general, una persona muere. Y este ciclo se repite de generación en generación.

Durante mucho tiempo, la familia tuvo rasgos estables aprobados por la iglesia, el estado y la sociedad. Existían conceptos tales como: cabeza de familia, madre de familia, hijos y miembros del hogar. Había mucho en común en la estructura interna de la familia y el estado (el significado original de la palabra soberano es ciudadano). La familia aportó continuidad, tradiciones y cimientos.

"Desde los tiempos se han dado baluartes y cimientos de vida: la familia, con una relación viva, personal, conectando nuestro presente con el pasado y el futuro; la patria, expandiendo y llenando nuestra alma con el contenido del alma del pueblo con sus gloriosas tradiciones y esperanzas; finalmente, la Iglesia, liberándonos de cualquier opresión, vinculando la vida personal y nacional con lo que es eterno e incondicional", escribió Vladimir Solovyov al respecto.

En la sociedad moderna, ha habido cambios significativos en relación con la familia, y la distribución de roles dentro de ella. Han aumentado el número de divorcios, familias monoparentales o familias con padrastros. Esto está asociado con la mayor independencia de las mujeres, su capacidad en las condiciones modernas para mantenerse financieramente.

Los cambios no ocurrieron todos a la vez o repentinamente. Al principio, hubo discusiones sobre la igualdad de género y para ser justos, hay que decir que las conversaciones no han disminuido hasta ahora. Luego hubo revoluciones y guerras mundiales, cambiaron tanto la sociedad que las mujeres involuntariamente tuvieron que hacer trabajos que antes eran la suerte de los hombres. Luego vino la revolución sexual.

En la mente de hombres y mujeres, hay una mezcla de instrucciones de los padres, experiencia personal, consejos de amigos y novias, lectura de libros y revistas de moda. La primera línea pasa por la mente, el corazón y el alma. Focos ardientes de conflicto estallan en la lucha por el poder en la familia.

Según el conocido psicoanalista K. Horney, la lucha por el poder es el tema principal del conflicto dentro de la familia. Los cónyuges luchan por el reconocimiento de sus propias facultades, y si se profundiza, se hace evidente que buscan satisfacer las necesidades que son significativas para ellos.

Dos personas decidieron vivir juntas y crear lo que se llama una "célula de sociedad". Traen a la nueva familia las reglas y actitudes tomadas de sus familias de origen, así como los hábitos que todo adulto tiene. Pero se olvidan de ponerse de acuerdo sobre los principios generales a partir de los cuales construirán sus relaciones, e inmediatamente surge entre ellos una lucha por establecer "sus propias" reglas.

Como acertadamente señala el conocido consultor familiar V. Satir, "las reglas son una parte muy importante de la estructura y funcionamiento de la familia. Cuando ellas cambian, las relaciones cambian".

Durante mucho tiempo se ha notado que diferentes familias reaccionan de manera diferente a las dificultades. En algunos casos, el conflicto solo aumenta, la satisfacción con la vida familiar disminuye, la enfermedad y el divorcio son posibles. En otras familias, por el contrario, se multiplican los esfuerzos para superar la crisis. ¿Cuál es la diferencia entre estas familias?

En familias discordantes, las reglas suelen ser destructivas o se contradicen entre sí y provocan conflictos. Una familia que vive de acuerdo con sus reglas claras y armoniosas satisface las necesidades significativas de los miembros de la familia. En tales condiciones, los familiares experimentan un apego emocional entre sí, sus roles en la familia se distribuyen y no compiten entre sí. Algunas normas y reglas permanecen durante mucho tiempo, se convierten en tradiciones familiares y algunas cambian si la situación en la familia o en la sociedad lo requiere.

La ausencia de reglas en la familia, la incertidumbre de los roles no solo crea los requisitos previos para el surgimiento de un conflicto, sino que también conduce a que los problemas se conviertan en un importante medio de toma de decisiones ("quien gana tiene la razón").

El conflicto puede convertirse en un factor de formación del sistema. Las familias donde no hay amor, respeto, atracción sexual mutua a menudo están conectadas por conflictos. Un "ejemplo" en este caso serían las familias de alcohólicos.

El psicoanalista estadounidense E. Bern describió el juego psicológico "Scandal". El escándalo es una forma de resolver los problemas sexuales. Las personas se llevan bien en la misma casa, si de vez en cuando alivian el estrés emocional en una pelea. A menudo, el conflicto completa otros juegos psicológicos.

Los métodos de lucha por el poder son muy diversos. Para lograr sus objetivos, las personas utilizan diferentes tipos de manipulación y juegan juegos psicológicos con entusiasmo. Cónyuges, hijos, padres de cónyuges pueden ser participantes en tal lucha.

La familia ha dejado de ser algo más importante que una forma de convivencia y de gestión del hogar común.

La confusión con la distribución de roles, traer ambiciones personales, insatisfacción, fracaso a la familia: todo esto en conjunto crea las condiciones para una lucha interminable y sin rumbo por el poder. Sería más correcto decir que la lucha es un fin en sí mismo. La victoria no trae paz y prosperidad a la familia. El perdedor busca aliados y derroca al ganador. ¡La lucha continúa!

Por qué la adicción al amor puede convertirse en un problema

Por otro lado, y a pesar que es agradable cuando se está realmente enamorado, no siempre es una señal de buen augurio, ni siquiera cuando se tiene la sensación de que la otra persona está al cien por cien en el lugar adecuado. Sin embargo, la tierra no solo debe girar alrededor de esta persona. Esto no es bueno para usted, ni tampoco es ideal para su pareja. Tarde o temprano la pareja se sentirá restringida. Porque, aunque la admiración recibida sea halagadora e intensa, puede llegar a ser exagerada.

La pareja también puede tener la sensación (falsa creencia) de que le es posible hacer lo que quiera con su admirador. Porque él no se separa de su lado de ningún modo, por más que sea maltratado, y le parece que todo aquello que su ser idolatrado dice o hace ¡es perfecto! En tales relaciones también puede volverse un poco monótono si no se introducen nuevos impulsos en la relación desde el exterior, que se experimentan en solitario. El deseo de simbiosis puede convertirse rápidamente en una carga cuando alguien tiene mucho que dar y quiere tomar todo, y por el otro lado hay una persona que también quiere experimentarse a sí misma como autónoma e independiente.

También es agotador para el que se anhela que sirva como única fuente de amor, cariño y atención. Es simplemente inapropiado afirmar que solo su pareja puede y debe hacerle feliz. Incluso las personas resilientes no pueden soportarlo por mucho tiempo. Porque la relación de toma y daca no está equilibrada en tales asociaciones y, por lo tanto, la relación a menudo no está en pie de igualdad.

La caída es profunda cuando tal relación se rompe. Porque se pone todo en una tarjeta. Por eso es importante "con todo el amor" que no se fije demasiado en una sola persona. Y eso es posible, aunque a menudo le cueste un poco de esfuerzo al "adicto al amor". Pero vale la pena.

Relaciones tóxicas

No hay hierba contra el mal amor; lo que resultaría provechoso contra el amor patológico, del que una persona puede ser víctima si no se separa bien desde el principio. Por suerte, es posible aprender a no sobrecargar a su pareja con un amor excesivo para evitar las consecuencias anteriores. Porque sería realmente trágico perder a un gran amor porque se lo ha abrumado con los propios sentimientos. Entonces, si tiene la imagen de sí mismo que podría estar demasiado enamorado, haría bien en incorporar algunas maniobras de distracción en la vida cotidiana y trabajar para cambiar su comportamiento adictivo.

Consejos para salir de una relación tóxica:

* **Manténgase fiel a sus amigos**
Ser fiel a sus amigos también es importante para las personas en relaciones comprometidas. Porque su ser querido no lo lleva solo por la vida y no puede cubrir todo lo que le dan los amigos, la familia o los

compañeros. Por lo tanto, es importante seguir saliendo con otros, incluso si uno de los socios está ausente durante este período de tiempo. Por otro lado, está el reencuentro con viejos conocidos y la perspectiva de poder volver a casa con nuevas experiencias. De esta forma, las conversaciones entre las parejas siguen siendo animadas, cada uno conserva un trozo de su independencia. Por cierto, llevar a su pareja a todas las reuniones no es una solución. Se trata de pasar tiempo sin él también.

- **Aficiones propias**

Continuar con sus propias aficiones y no necesariamente adoptar las preferencias de su pareja para poder pasarlas con él es el arte de los enamorados. Porque la tentación es, por supuesto, grande para hacer lo mismo. Especialmente si tiene talento para sus aficiones. Cualquiera que dude si esto es correcto debe darse cuenta de que su "amorcito" se enamoró de usted por las características que conoció por primera vez, y por ello no debería abandonarlas. Y porque las cosas que le gustaban y hacía antes de conocerla, le dieron un aura de la que ella se enamoró. Obtienes el hechizo al continuar viviendo partes de su vida pasada.

- **Superar la adicción al amor a través de la independencia**

Conservar un cierto grado de independencia también ayuda a garantizar que la otra persona no sea demasiado restrictiva. Por lo tanto, alinear su vida completamente con la vida de él y sus planes no sería bueno. Se convertirá en un apéndice sin perfil propio.

Casi ningún hombre encuentra eso emocionante, a menos que le guste exactamente este tipo de mujer. Pero los hombres de este tipo suelen tener una amante para que su vida siga siendo emocionante y espontánea "a pesar de una relación". ¿Es eso lo que usted quiere? ¡Poco probable! Así que manténgase fiel a sus sueños: Planifique su trabajo, vacaciones y tiempo libre de acuerdo a sus gustos o busque compromisos con su pareja, donde esto sea posible.

- **Incluya distanciamiento con su pareja**

Las rupturas con nuestro socio también son un buen mantenimiento de la relación. Por lo tanto, tiene sentido imponer una prohibición de contacto "voluntaria" en los días laborables. Porque no tiene que enviar o recibir un mensaje de amor tres veces por hora. Y no necesita que le llamen cada vez durante la hora del almuerzo. Porque por un lado el constante y exagerado "hacer el amor" se acaba en algún momento y por otro lado también tiene compañero y derecho a un descanso. Y también los necesita para poder volver a pensar con claridad de vez en cuando. Por lo tanto, deje su teléfono celular a un lado, evite los constantes intentos de hacer contacto y pase el día con los ojos bien abiertos. Entonces la alegría de volverse a ver es mayor que cuando ya se han intercambiado mil votos de amor durante el día.

- **Cuestione las razones**

Cuestionar las razones por las que el otro necesita ser colocado en un pedestal tan alto por su pareja puede ser muy esclarecedor. Porque muchas veces el otro no ha elegido esta posición sublime. Y es por eso que por lo general no se sienta bien. A más tardar, cuando haya comentarios del socio de que es demasiado para él, algo tiene que suceder. En psicoterapia se puede averiguar qué experiencias del propio pasado tienen un efecto desfavorable en la relación actual y conducen a este aumento y al deseo inapropiado de fusionarse. Y se pueden desarrollar soluciones que permitan a todos seguir siendo un individuo, incluso si siguen su propio camino juntos.

Señales que su pareja está muy apegada a usted

• No lo trata por quien es

¿Su pareja está enamorada de usted o de una foto suya que solo existe en su imaginación? ¿Habla de usted como si fuera otra persona? ¿Habla constantemente de usted frente a los demás? Entonces existe el peligro de que su idea de usted sea solo una idea que ella misma armó a partir de películas, libros o fantasías.

¿Por qué es eso arriesgado? Porque su pareja no estará muy contenta cuando se dé cuenta de que no es un superhéroe sino un humano de carne y hueso. Puede ser que él o ella se sienta engañado por usted, independientemente de lo que realmente haya hecho para obtener esa impresión.

• La vida solo es divertida para él/ella con usted

Ser los mejores amigos, pasar tiempo juntos llenos de alegría y descubrirse unos a otros y otras cosas es más de la mitad de la batalla por una relación feliz. Si la visión del futuro de la pareja es positiva y optimista, nada los separará tan rápido.

Pero si su pareja solo tiene esta mirada en relación con usted, puede ser peligroso. Porque entonces estará solo, lo que lo hará infeliz. A este fenómeno se lo llama "relación simbiótica", donde una persona o ambas partes se fusionan, no quedando nada de los individuos.

• **Su pareja no tiene amigos y está celosa de los suyos**

Unión durante la semana, acurrucarse en el sofá el domingo y hacer todo juntos. Esto sin duda es genial al principio y toda pareja debería disfrutar y vivir este estado. Pero en el medio, también preste atención a las señales de advertencia de que no conoce otra opción.

Si él/ella no tiene ninguna red social, ningún círculo de amigos o contacto con miembros de la familia y posiblemente está celoso de todas las personas con las que usted pasa tiempo, su fijación con usted es muy peligrosa. Usted es la persona más importante, pero eso también crea una dependencia, y nadie debería poder construir un vínculo tan dependiente.

• **Control excesivo**

Su pareja siempre está pensando en usted y se preocupa por sin importar dónde se encuentre. Si no le envía un mensaje de texto tan pronto como llega a la oficina diciendo que sobrevivió al viaje en metro, se pondrá nervioso y sus preguntas sonarán irritadas. Le encantaría instalar una aplicación para rastrearle en su teléfono inteligente (o ya lo ha hecho en secreto).

- ### Él/ ella a menudo busca peleas

Si no cumple sus deseos, ¿se enfada y no sabe qué hacer con sus sentimientos? Si su pareja sigue discutiendo, gritando con usted y dictando lo que tiene que hacer, eso debería ser una fuerte señal de alerta.

Él/ella podría explicarle que le ama y que es solo su forma de mostrar ese amor. Desafortunadamente, eso no es amor. El amor es voluntario, quiere ver feliz a la pareja y, sobre todo, no conoce la dependencia.

¿Qué significa codependencia?

La codependencia es un tema con el que muchos están familiarizados, especialmente en relación con las adicciones. Sin embargo, la codependencia también puede desarrollarse en las relaciones, lo que puede tener consecuencias nefastas para uno o ambos miembros de la pareja. ¿Qué hay detrás del fenómeno y qué puedes hacer si aparecen conductas de codependencia en su propia relación?

La relación entre una persona y un familiar adicto se describe originalmente como "codependencia". Esto significa que los familiares o parejas están involucrados emocionalmente en el sufrimiento del adicto y dependen de su necesidad de ayuda. Los adictos, por otro lado, sufren de la adicción en sí, pero también manipulan a las personas cercanas a ellos para poder continuar con ella. En algunos casos, la adicción de los afectados es incluso fomentada inconscientemente por familiares encubriéndola o incluso apoyándola económicamente. Esto crea una interacción malsana en la que ambos sufren.

Sin embargo, el comportamiento codependiente también se manifiesta en relaciones no adictivas: a menudo surge cuando uno de los miembros de la pareja sufre un trastorno de apego o de relación en el que hacen del otro el centro de sus vidas. La distribución de roles en las relaciones codependientes se ve así:

•   **Pareja con trastorno de apego**: Depende emocionalmente del otro, orienta su vida completamente a sus necesidades, tiene miedo al abandono, es pegajoso y necesita mucha confirmación. En la relación, estas personas asumen el papel del "adicto" que no puede prescindir de su "sustancia adictiva", en este caso la pareja.

•   **Pareja sin trastorno de apego**: el otro miembro de la pareja generalmente no tiene apego o trastorno de relación, pero sufre el comportamiento de apego del otro. Al igual que los miembros de la familia de los adictos, las parejas de las personas emocionalmente dependientes pueden reforzar su comportamiento poco saludable de búsqueda de amor al volverse protectores, controladores o usar su posición de poder para manipular al otro.

Esta ponderación desigual en la distribución de roles crea una relación en la que ambos socios no tienen los mismos derechos. En esta estructura enfermiza, ambas personas se empujan más hacia abajo, reforzando el comportamiento negativo del otro. Esta no es una relación de amor saludable a la altura de los ojos.

Señales de una relación codependiente

Una relación codependiente puede manifestarse de muchas maneras diferentes y no siempre es inmediatamente patológica. Puede ver en estas señales de advertencia claras que al menos una parte de su relación depende de la otra. Entonces, si siente que es codependiente con su pareja, los siguientes síntomas deberían ser familiares para usted, ya sea en usted o en el comportamiento de su ser querido:

•   Tienes mucho miedo de ser abandonado y de estar solo.
•   Sientes que ya no puedes vivir sin tu pareja.
•   Siempre antepones tus propias necesidades a las de él.
•   Quieres complacerlo y evitar discusiones con él.
•   No tiene pasatiempos o intereses propios que puedas perseguir solo.
•   Siempre tratas de estar allí cuando llega a casa.
•   Has estado sufriendo de ansiedad, depresión o ataques de pánico desde que empezaste a salir con él.
•   Los amigos y la familia ya están preocupados porque casi no pasas tiempo con ellos.
•   Eres muy celoso
•   Necesitas constantemente la validación de él y solo entonces te sientes amado.
•   Te sientes inseguro y sin importancia sin él.

- Sientes que tienes mucho más amor por él de lo que él te ama.
- Sufres de dependencia emocional de la pareja

Causas de la extrema dependencia de la pareja

Las causas de la codependencia pueden ser muy diversas. A menudo, una pareja sufre de un apego o trastorno de la relación, con una adicción al amor, o a la dependencia emocional. También en el caso de los trastornos de personalidad, como el trastorno límite, la persona afectada puede ser dependiente del otro. Aquí le citamos algunas causas más de codependencia:

- **Experiencias tempranas de pérdida**: cualquier persona que haya perdido a un ser querido cuando era niño o haya experimentado negligencia de los padres busca seguridad en las relaciones cuando sea adulto. Tales personas tienden a perderse por completo en el amor por otra persona. Al mismo tiempo, debido a sus primeras experiencias de pérdida, tienen mucho miedo de que esta persona también se separe de ellos. Esto crea una dependencia emocional en la pareja.

- **Trastornos de personalidad**: Como ya se ha mencionado anteriormente, los trastornos de personalidad, como borderliners, narcisistas o histriónicos, también pueden conducir a la codependencia en la relación. Los trastornos implican asumir un rol sumiso o muy dominante. Sin embargo, algunas de estas son relaciones tóxicas.

• **Dependencia aprendida**: las personas que luego se vuelven dependientes de su pareja suelen experimentar la misma estructura de relación con sus propios padres. Experimentan la codependencia de los padres como algo natural y perpetúan este patrón de comportamiento poco saludable como adultos. Tienen la creencia interna de que la división de roles en una parte de ayuda y otra de necesidad en el amor es normal.

• **Baja confianza en sí mismo**: las personas que se vuelven emocionalmente dependientes de una pareja a menudo tienen una autoestima muy baja. El rechazo y las críticas constantes por parte de los padres u otras personas cercanas a ellos suelen ser responsables de esta autoimagen. Esto hace que estas personas sean extremadamente dependientes del juicio de los demás. Sin el cariño y la validación de su pareja, sienten que no pueden vivir.

• **Síndrome del ayudante:** cualquiera que asuma la parte de ayuda, es decir, más dominante, en una relación de amor codependiente puede tener el síndrome del ayudante. Se sumerge por completo en el papel de protector y necesita la admiración de su pareja para sentirse bien.

Los patrones y estructuras de comportamiento de una codependencia a menudo son difícilmente reconocibles para los afectados, lo que dificulta el diagnóstico sin ayuda profesional. Sin embargo, lo que es claramente evidente son los efectos del fenómeno: los codependientes a menudo sufren molestias psicosomáticas, que pueden ir desde tensión hasta dolores de cabeza o de espalda, trastornos alimentarios o incluso depresión.

¿Por qué es tan peligrosa la codependencia?

Abandono de uno mismo, juegos de poder, adicción o síndrome de ayuda: en una relación codependiente, al menos uno de los miembros de la pareja muestra un patrón de comportamiento poco saludable que hace imposible una relación honesta e igualitaria. Las necesidades de ambos socios deben comunicarse claramente y deben ser igualmente importantes. Si uno siempre se sacrifica por el otro o sufre de apego compulsivo de la pareja, la relación se vuelve tóxica y lo más probable es que termine antes de tiempo.

Precaución: la codependencia también es un mecanismo que se encuentra a menudo en las relaciones abusivas. Es por eso que los narcisistas en particular usan la inseguridad de la parte emocionalmente dependiente para afirmar sus propias necesidades y deseos de poder.

Romper el ciclo: cómo romper la codependencia

Para superar la codependencia, primero debe ser reconocida por los afectados. Este paso es probablemente el mayor obstáculo, después de eso, la ayuda profesional es invaluable.

Los pasos principales para las personas codependientes son:

* Reconocer el problema de la situación
* Obtenga una evaluación externa
* Cuestionar la satisfacción en la relación.
* Descubre las razones de la adicción.
* Reflexione sobre las creencias internas sobre el amor y la sociedad
* Analizar el comportamiento general en las relaciones y amistades.
* Busque apoyo profesional, a través de la terapia
* Construya su propia autoestima
* Desarrollar la independencia
* Perdónate a ti y a tu pareja

Conclusión: Dependiendo de la situación y el tipo de codependencia, ambos miembros de la pareja pueden trabajar juntos con un terapeuta para construir una relación saludable entre ellos. A veces, sin embargo, una ruptura también puede ser un paso esencial en la liberación y la recuperación, especialmente cuando las divisiones de roles poco saludables están demasiado arraigadas en ambos.

Los celos

Los celosos se convierten en víctimas de sus ideas fijas sobre la infidelidad de sus parejas, las cuales se basan en su creencia de que los demás tienen la culpa siempre y en todas las circunstancias. No le importa en absoluto que su pareja niegue todas las acusaciones, que se comporte de forma completamente diferente a lo que piensa. Siempre culpa a la otra persona por su sufrimiento.

La causa del sufrimiento es una herida profunda que la persona lleva dentro de sí. Las dificultades en el amor propio, la autoestima y la confianza en uno mismo a menudo se combinan en diversas variantes con relaciones entrelazadas de diversas formas con los padres y la relación entre ellos.

Celos y amor

¿Usted es de los que piensan que el que no tiene celos no ama, o de los que dicen que los celos no son del amor, porque el amor es deseoso y omnímodo? ¿De qué tipo de amor se trata realmente una sociedad? ¿O solo hay un amor y solo hay diferentes tipos de relaciones afectivas?

Una pregunta más importante podría ayudarnos a encontrar la respuesta y es: ¿Es el amor que deseamos el mismo amor que somos capaces de dar a nuestra pareja?

En mi experiencia, todos queremos ser amados por lo que somos, no queremos que nos limiten en lo que sentimos, en lo que queremos hacer, queremos que nos entiendan en lo que hacemos, porque lo estamos haciendo al máximo, lo mejor que podemos y sentimos. Cuando la pareja no lo entiende de esa manera, nos sentimos amenazados, porque realmente no queremos ese resultado.

Cuando una persona está celosa quiere que su pareja esté única y exclusivamente para ella, prefiere tener el control no solo de su comportamiento sino también de sus pensamientos y sentimientos, tiene miedo de perder su afecto exclusivo.

¿De dónde viene el miedo? Tal sentimiento pertenece a la infancia, cuando el niño sabe que no sobrevivirá sin un cuidado exclusivo. El niño anhela entrar en la sociedad humana lleno de amor incondicional, aceptación de mamá y papá, para confirmarse en una relación amorosa consigo mismo.

El miedo impide el amor. Los celos son, por tanto, un barómetro de cuántas reservas tenemos en amor y confianza por nosotros mismos, por los demás y por otras personas en nuestra vida. "Es difícil evitar los celos si amamos a la otra persona más que a nosotros mismos".

También es útil describir el tipo de celos con la mayor precisión posible.

Tipos de celos

Pseudo-celos
Encuentro pseudo-celos en una relación que no es un equilibrio saludable entre dar y recibir amor. Por ejemplo, uno de los miembros de la pareja no está completamente presente mentalmente en la relación, ya sea porque no ha sanado su corazón de una ruptura en el pasado, o porque prioriza a los padres, al hijo o a un pasatiempo. Uno de los socios no experimenta internamente la exclusividad de la relación, y el otro lo siente y trata de atrapar al escurridizo, y gradualmente sus sentimientos y comportamiento se convierten en celos.

También considero los pseudo-celos como una situación en la que una persona siente que la pareja en la relación está de alguna manera mentalmente ausente, que se está alejando, que se está comportando diferente que antes, ya sea por una relación paralela o por un enfriamiento emocional para algunos. Es natural que, si una persona no recibe una respuesta veraz de su pareja, busque por qué es así, qué se le ha ocultado, sobre qué la están engañando. Si uno solo quiere saber la verdad y actuar en consecuencia, entonces esto no es verdadero celo.

Los celos se pueden dividir según la intensidad:

Celos - casi más allá de ti

Puede decir que usted no tiene problemas en confiar en su pareja en la vida cotidiana, no se ocupa de sus contactos con otras personas del sexo opuesto. Solo de vez en cuando quiere saber más detalles sobre quién le escribe a su pareja, dónde estaba y qué estaba haciendo. Una respuesta simple le satisface.

Celos internos

Estás internamente preocupado por su pareja para que no se vaya con otra persona, realiza diálogos internos y tiene sus dudas. Observa en silencio. Afortunadamente (para usted), no confía en el sospechoso.

Celos molestos

Tiene una discusión interminable con el sospechoso similar a un interrogatorio interminable. Hace preguntas repetitivas. Las respuestas para usted son insatisfactorias. Tales discusiones tarde o temprano conducen a una discusión y aún está insatisfecho.

Obsesión celosa

Anhela tener el control de todo lo que hace o dice su ser querido. Persigue, controla, vigila, revisa móvil, agenda, bolsillos...

Quiere que su ser querido limite los contactos con otras personas y usted las controlas. Inventa y tal vez incluso implementa prácticas de las que el servicio secreto no se avergonzaría.

Los celos también se pueden dividir según la forma en que se expresen en el sentido de dominación o sumisión, ambas son formas de agresión:

Celoso dominante

Tal persona celosa se siente superior, parece ser menos dependiente de la relación y tiende a adoptar una relación posesiva con la pareja. Una persona celosa dominante está llena de rabia, a menudo cruel y vengativa. Exige varios detalles de infidelidad real o imaginaria y nunca tiene suficiente, y para él un "lapso moral" nunca puede ser expiado. Cree que la ley está de su lado, y en ese contexto muchas veces se siente insultado y humillado.

Celoso sumiso

Un sumiso celoso es más dependiente emocionalmente, ama más. Sus celos recuerdan a los de un niño llorón, regaña, se queja, se resiste en silencio y, a veces, incluso amenaza con suicidarse. Al actuar así, uno solo confirma su sumisión y empeora su posición humillada e indigna.

Las formas de mostrar los celos corresponden a cómo reacciona el objeto de los celos, cómo la persona celosa intuye lo que puede permitirse. Desafortunadamente, una persona celosa prepara una relación dolorosa y desastrosa para sí mismo y su pareja, que generalmente termina tarde o temprano en una ruptura. Al final, lo tan protegido, termina por perderse.

La psique de una persona celosa

Los celos son evidencia de una dependencia excesiva de una pareja sospechosa.

La psique de una persona celosa muestra características idénticas a la psique de un niño:

• El niño demanda sus necesidades y atención llorando
• El niño confunde fantasía y realidad
• El niño quiere más amor del que es capaz de dar
• El niño no puede vivir con incertidumbre - crea un mundo imaginario, pensamiento mágico.

El pensamiento de una persona celosa está distorsionado por sentimientos fuertes, lo que lleva a una suposición errónea básica: porque una pareja no puede probar su fidelidad, es infiel.

Llamamos a tal pensamiento distorsionado catatímicamente y trae al individuo en cuestión toda una serie de saltos mortales ilógicos.

Celos y relación

En una relación, el que es más dependiente es celoso, siente que no se cuidará cuando pierda a la pareja elegida, ya sea económica, social o emocionalmente. El compañero más poderoso en una pareja es siempre el que está seguro de sí mismo o el que es capaz de cuidarse a todos los niveles tras la ruptura de la relación. Los celos se erradicarían si las personas tuvieran más confianza en sí mismas.

¿Cómo tratar los celos?

Si usted también está pensando en lidiar con sus celos, debe estar preparado para el hecho de que necesita:

• Perserverancia
• La voluntad de tratar con uno mismo tanto en el presente como, a menudo, también en el pasado
• Restricciones
• Voluntad de cambiar sus creencias de pensamiento disfuncionales
• Trabajar en un nivel emocional - aprenderlo
• No tener miedo a su dolor y confiar en su capacidad de autocuración.

Cómo lidiar con una persona celosa

Vivir con una persona celosa suele ser agotador y destructivo para la relación. El desarrollo de los celos también está relacionado con la situación específica de la pareja. Por lo tanto, no solo la persona celosa, sino también el objeto de los celos es una parte activa de la historia y puede influir en muchas cosas.

En este punto, ofrezco algunos consejos para las parejas celosas:

•   La prevención de los celos es la separación (total o por un tiempo), ya que se sabe que la separación de los socios debilita la tensión celosa mutua.

•   Por lo general, al comienzo de los celos, la víctima consuela y tranquiliza a la persona celosa, pero esto es solo un paso en el desarrollo de los celos.

•   No discuta con una persona celosa. Diga una frase o dos con su punto de vista y finalice el debate.

•   Si se produce la persecución, no hay más remedio que decir: "Para o me iré".

•   Apoye a su pareja en sus aficiones o intereses. No lo excluya del mundo.

•   Respete la intimidad de su pareja y al mismo tiempo proteja la suya. No acceda a los esfuerzos de la persona celosa por romper los límites de la intimidad.

•   Si la situación ya está en un ciclo, no hay más remedio que decir: "Empieza a sanar y mejora o tendremos que romper".

•   No haga de su vida un infierno bajo ninguna circunstancia.

La traición

Por un lado, hacer trampa es muy común, y algunos de nosotros hemos experimentado este fenómeno más de una vez en nuestras vidas; por otro lado, cada vez que experimenta un dolor mental severo, tiene la sensación de que el mundo se está desmoronando en pequeñas partes y ya no hay posibilidad de pegar y arreglar nada.

En un estado de confusión y dolor mental tan fuertes, una persona puede comenzar a hacer varias cosas, vengarse, tratar de arreglar las cosas, arreglar la situación. Y esto es más que natural: todos queremos deshacernos del dolor lo más rápido posible tomando una decisión rápida sobre cómo seguir viviendo. Y la mayoría de las veces, esa solución es terminar la relación. Pero puede haber muchas formas de salir de esta difícil situación, y una ruptura en las relaciones está lejos de ser la única.
Hay varias razones para el cambio. Tratemos de enumerar algunos de ellos.

- **El engaño como señal de un amor extinguido**

Por supuesto, en este caso, debe aclarar su relación con su pareja y reunir el coraje para salir tranquilamente de esa relación.

- **El engaño como señal de un problema de relación**

Los problemas de relación no significan que el amor se haya ido. Más bien, por el contrario, tal traición sugiere que la pareja quiere resolver el problema de una manera tan sencilla y devolver el amor. Por ejemplo, si un esposo siente que su esposa se ha distanciado de él, puede sentirse repentinamente atraído por su secretaria. Pero la base de esta atracción no es el amor por la secretaria, sino un intento compensatorio de sobrellevar su sentimiento de abandono (no lo estoy justificando). A menudo, las personas que han pasado por el adulterio luego recuerdan esto como una buena lección que les enseñó a tratar a su pareja con más atención, con mayor comprensión, simpatía, les enseñó a ser más tolerantes, generosos y serviciales.

- **Hacer trampa como señal de que una persona tiene algún tipo de problema interno.**

Estos problemas pueden ser muchos. Por ejemplo, la falta de preparación de una persona para una relación seria, la duda, varios tipos de estereotipos.

Hay otras razones, pero, en cualquier caso, no sería razonable reaccionar con una ruptura total en todas estas situaciones. Después de todo, si una persona en caso de traición es impulsada por sus problemas internos, entonces, con la resolución correcta y calificada de estos problemas, sería posible no solo devolver la relación anterior, sino también hacer que estas relaciones sean más profundas y más sinceras, no eclipsadas por ninguna dificultad psicológica. Para comprender lo que sucedió y tomar la decisión correcta, es necesario, en primer lugar, ponerse en un estado de tranquilidad, lo cual, por supuesto, es muy difícil. Las conversaciones con un psicólogo, viajes, trabajo, deportes pueden ayudar aquí. Habiendo encontrado el equilibrio interior, puede intentar mirar la situación con seriedad y sensatez.

Es importante en tal situación evaluar con seriedad las circunstancias:

Ver que la vida es más complicada de lo que a menudo imaginamos, es decir, darnos cuenta de que siempre hay alguna causa detrás del efecto, que tal vez no sepamos o malinterpretamos.

Recuerde que la traición es también una señal que debe entenderse correctamente y no solo destruirse, sino también que permite actualizarse y mejorar las relaciones.

Depende de nosotros entender que la traición puede ser tanto el final como el principio, y depende de nosotros decidir cómo termina.

Capítulo 4
Recuperar la pasión sexual

El matrimonio no tiene muy buena reputación en estos días. Rara vez se presenta como una relación empoderadora y satisfactoria. Por lo general, las personas se burlan de ello o se refieren a él sin rodeos como una fuente de incomodidad, malentendidos o incluso opresión en la pareja. Sin embargo, esto no significa que no pueda ser exactamente lo contrario, es decir, un sentimiento de felicidad y seguridad...

Es una opinión común: la sexualidad en el matrimonio pierde su encanto después de cierto tiempo. La emoción disminuye, la rutina se establece. No es de extrañar que la infidelidad sea tan común.

Aunque esta es una experiencia común, ciertamente no es cierto que tenga que ser así.

Es cierto que la mayoría de las parejas experimentan una pérdida de la pasión después de un cierto período de convivencia y que ya no les impulsa el uno al otro de la misma manera que en la fase de enamoramiento. Los intervalos entre las relaciones sexuales se alargan y en algunas parejas hay incluso un cese completo de ellas. Asimismo, hay parejas que experimentan su sexualidad como una satisfacción para toda la vida, incluida la presencia de la chispa y la pasión.

Los siguientes son los momentos de crisis más comunes de la sexualidad marital:

•   Diferencia de género en las necesidades

Los hombres suelen ser más excitables y "siempre listos". La sexualidad femenina es más compleja. Necesita -pasado el efecto de la inyección hormonal del enamoramiento- una preparación más cuidadosa de las condiciones para hacer el amor, que incluyen satisfacción emocional, énfasis en la comunicación mutua, así como ternura y poca atención entre semana. Y para inflamar su propio deseo sexual, cierta "habilidad" de un hombre que sabe qué hace sentir bien a su esposa y cómo estimular su deseo.

•   Erosión de la sexualidad con problemas y tensión sin resolver

Como ya se mencionó anteriormente, este debilitamiento del interés por el sexo afecta principalmente a las mujeres, que tienden a ser mucho más exigentes emocionalmente. Las lesiones suprimidas o el tabú de los temas sensibles de la pareja y la imposibilidad de hablar de ellos a menudo conducen a un interés moribundo por el sexo.

•   Ausencia de intimidad real.

Algunas parejas pueden no resolver conflictos evidentes, pero carecen de igualdad y reciprocidad en su relación. Es común, por ejemplo, cambiar los límites en el sentido de autonomía y responsabilidad, cuando una mujer se encuentra más en el rol de madre para su esposo o un hombre en el rol de padre para su esposa. Dejan de ver a su contraparte como un socio igualitario.

- **Pérdida de respeto**

El problema tiende a ser una gran banalización y una falta de interés en la personalidad de la otra parte, lo que se manifiesta, entre otras cosas, en una renuencia a comunicarse y compartir, o a mantener un exterior descuidado para ya no agradarle al otro.

- **Expectativas inadecuadas**

La revolución sexual cambió la percepción de la sexualidad hacia un espectáculo deportivo, relajante y la legalización de la promiscuidad. Pero esto no cambia el hecho de que la unión sexual de un hombre y una mujer sigue siendo una de las experiencias físicas y emocionales más poderosas, que es una gran evidencia de profundidad y fidelidad. Si la sexualidad ha de seguir siendo satisfactoria, tiene sus exigencias. Tan pronto como el hombre y la mujer de una determinada pareja ya no están dispuestos a ver y cumplir estas demandas, ellos mismos deciden que su sexualidad pierde calidad o incluso se extingue.

Para que las ganas no mueran

Si los cónyuges están lidiando con el problema del deterioro o disfunción de su sexualidad, es conveniente responder honestamente a las siguientes preguntas:

¿Considero a mi esposo/esposa la persona más importante en mi vida?

¿La principal motivación para la actividad sexual en nuestro matrimonio es el amor, o simplemente el deber o el hábito?

¿Podemos decirnos claramente qué nos hace sentir bien, qué nos incomoda o qué nos falta? (¿Le demuestro a una mujer que la deseo? ¿Puedo decirle a un hombre que me gusta hacerle el amor?)

¿Aceptamos que la sexualidad es una especie de ritual festivo que sigue a la convivencia cotidiana?

¿Estamos dispuestos a garantizar buenas condiciones para el sexo, por ejemplo, prestando atención a la posibilidad de estar juntos a solas en un entorno agradable y "protegido"?

¿El sexo sigue después de momentos de atención mutua, ayuda, consideración y unidad, o después de un día en el que prácticamente no nos notamos, o después de un día estresante?

¿Por qué estamos discutiendo? ¿Qué áreas específicas en nuestra relación probablemente no están bien?

¿Hasta qué punto estamos dispuestos cada uno de nosotros a admitir nuestra parte en el hecho de que las cosas ya no funcionan para nosotros (generalmente primero en el matrimonio y solo después en la cama) como antes?

¿Creemos que el renacimiento de nuestro amor va de la mano con el renacimiento del deseo sexual?

La capacidad de abrirse

Un requisito previo para un matrimonio vivo y, por lo tanto, también para una sexualidad espontánea y alegre, es la capacidad de ambos cónyuges de ser conscientes y compartir sentimientos, reconocer por qué suceden las cosas, cómo suceden y averiguar cuál es el comportamiento y las experiencias de ambos. Es necesario querer cambiar las cosas que no funcionan y también admitir que no podemos lograr cambios en el comportamiento del otro tratando de modificarlo, pero sobre todo enviando nuestra propia señal de que somos nosotros los que estamos haciendo algo por el beneficio de la relación y su sexualidad. Si no tenemos éxito, no hablemos amargamente sobre la institución del matrimonio ni nos apresuremos a divorciarnos. La experiencia muestra que nuestros problemas generalmente también se trasladan a otras relaciones. La solución no es ni la resignación ni la huida, sino la voluntad de trabajar sobre uno mismo.

Inspiración mediática:

Hace algún tiempo, la revista femenina británica Top Sante encargó una encuesta a dos mil mujeres. Descubrieron con quién tenían el mejor sexo. Los resultados fueron sorprendentes. Dos tercios de las mujeres estuvieron de acuerdo en que experimentaron el acto sexual más hermoso con sus maridos. La encuesta también confirmó que la satisfacción de hacer el amor aumenta en proporción directa a la duración de la relación.

"Aunque preguntamos a mujeres de Gran Bretaña, los resultados ciertamente pueden trasladarse a muchas otras culturas europeas", afirma la editora de la revista, Juliette Kellow, quien afirma que la encuesta refutó contundentemente la idea general de que para tener sexo de calidad es necesario cambiar de pareja. y tener libertad ilimitada. La verdad, por otro lado, es que para tener un sexo realmente bueno tienes que conocer perfectamente a tu pareja y tienes que penetrar profundamente en su intimidad. Esto solo está garantizado en relaciones a largo plazo o en el matrimonio.

Sexo matutino: ¿es mejor que el café?

La mayoría de nosotros encendemos la máquina de café por la mañana, pero la cafeína no es la única manera de dar la bienvenida al día. Quizás, es mejor quedarse un rato más en la cama y elegir sexo matutino en lugar de una taza de café. ¿Por qué es una buena idea?

Antes de responder a la pregunta de si el sexo matutino es mejor que el café, algunas palabras sobre cómo nuestro cuerpo está químicamente influenciado tanto por el café como por el sexo.

Cuando tenemos sexo, incluido el sexo matutino se activa el sistema límbico, más primitivo que otras áreas del cerebro, que es el responsable de los instintos, impulsos físicos y emociones simples. Al mismo tiempo, otras partes de la corteza cerebral que regulan los procesos superiores, como el razonamiento, entran en un estado de latencia leve.

En la mujer, durante el orgasmo se apaga la zona relacionada con el autocontrol, lo que sin duda ayuda a abrirse a nuevas experiencias sexuales y facilitar el orgasmo.

El cerebro libera dopamina que es la responsable de la sensación de deseo, euforia y satisfacción. Es la herramienta más importante del centro de recompensas del cerebro, que se activa durante las actividades que nos agradan.

Se libera oxitocina, lo que nos hace confiar en la otra persona. Además, la oxitocina aumenta el deseo y mantiene la erección en los hombres. También tiene un efecto analgésico, y los efectos de su secreción se pueden sentir hasta 3 horas después de la relación sexual.

Los hombres están inundados de vasopresina, una hormona que afecta la intensidad de la excitación. Cuando los niveles bajan después del sexo, el hombre se siente somnoliento. Por eso, después de un orgasmo, vale la pena permitirse incluso una siesta de dos minutos.

Durante las caricias, se libera serotonina, uno de los neurotransmisores más importantes. ¡Su nivel puede aumentar hasta en un 200%! La serotonina ayuda a regular el estado de ánimo y el sueño, y las parejas que tienen relaciones sexuales con regularidad no solo tienen un mejor estado de ánimo, sino que también manejan mejor el estrés. La serotonina también tiene un efecto positivo sobre la memoria y la concentración.

Se liberan grandes cantidades de noradrenalina, que es una hormona que aumenta la agitación, la resistencia física, mejora la atención y aporta energía. También acelera el ritmo cardíaco y estimula una mayor actividad, lucha o huida, en este caso, la actividad sexual. Es gracias a ella que los enamorados son "más duraderos", porque no tienen que comer ni dormir.

¡Es fácil ver que tal cóctel hormonal matutino afectará nuestro cuerpo, cerebro y bienestar al menos tanto como una taza de café exprés bebido en una mañana soleada en la plaza más hermosa de Italia!

¿Cuáles son los otros beneficios de tener sexo por la mañana?

Reduce instantáneamente su nivel de estrés.
Esta es una acción invaluable hoy, cuando estamos expuestos a mucha presión todos los días.

Tiene un efecto analgésico.
Esto se debe a la oxitocina, que también se secreta en grandes cantidades en las mujeres durante el parto.

Fortalece lazos en la mano
Esto nuevamente se debe a la oxitocina: la hormona que promueve el crecimiento de un sentimiento de amor y afecto. Por eso, después del sexo matutino, a menudo quieres decirle a tu pareja lo maravilloso que fue para ti durante el día.

Mejora tu estado de ánimo en un instante.
Gracias al cóctel hormonal que lo acompaña, el sexo matutino alivia nuestro bienestar, da una sensación de paz y confianza en uno mismo.

Es beneficioso para el sistema inmunológico.
El sexo matutino eleva el nivel de anticuerpos que protegen nuestro cuerpo contra las bacterias, especialmente las presentes en la saliva.

Mejora el rendimiento del cerebro.
Las investigaciones han demostrado que el sexo matutino mejora las funciones cognitivas del cerebro y fortalece la memoria. Por lo tanto, garantiza una mejor concentración, mayor eficiencia y eficacia durante el día.

Cómo fortalecer nuestra libido

A pesar de los grandes beneficios del sexo matutino, puede ocurrir que estemos en el momento de la vida en el que nuestra libido esté algo comprometida y no podamos disfrutar plenamente del coito físico. ¿Y qué hacemos al respecto?

Si estos trastornos no son causados por enfermedades o medicamentos, entonces, además de una dieta saludable y mucho ejercicio al menos dos veces por semana, vale la pena obtener uno de los suplementos dietéticos que mejoran la potencia y la libido.

Puede elegir líquidos, tabletas, gotas o geles para aumentar la libido, en versiones para hombres y mujeres.

Suplementos dietéticos de potencia para hombres

Los problemas de erección pueden afectar a hombres de todas las edades. Sus principales causas suelen ser el estrés, la mala alimentación, la edad, los estimulantes o el agrandamiento de la próstata. Los productores de suplementos dietéticos se están superando unos a otros en nuevos productos que aumentan la libido masculina y restauran el deseo sexual.

Los problemas con la potencia son un problema muy irritable y, a veces, vergonzoso para los hombres, completamente innecesario. Resulta que la falta de libido y la falta de deseo sexual pueden afectar tanto a un hombre de 50 años como a un hombre joven, incluso alrededor de los 30 años. Aunque no existe un remedio milagroso que asegure un sexo glorioso, los fabricantes ofrecen varios suplementos dietéticos para la potencia

¿Cómo funcionan los productos que aumentan la potencia y la libido?

Los hombres que tienen problemas para mantener una erección pueden tomar suplementos dietéticos de potencia, independientemente del motivo. Hasta hace poco, los productos para mejorar la erección despertaban muchas emociones y su compra era vergonzosa para el sexo masculino. Hoy en día, los anuncios publicitarios y las vallas publicitarias informan sobre preparaciones que se pueden tomar regularmente o solo antes de la relación sexual planificada. Todos los suplementos dietéticos de potencia tienen un efecto muy similar. Afectan el sistema circulatorio, aumentan la permeabilidad de los vasos, gracias a lo cual puede fluir más sangre al pene. Como resultado, el pene se hincha, aumenta de tamaño, se endurece y el hombre está listo para otro primer plano.

Ingredientes naturales en productos de potencia

Muy a menudo, los suplementos de potencia contienen ingredientes naturales que desempeñan el papel de una sustancia activa. Los productores a menudo confían en el ginseng, que aumenta la libido y, además, libera óxido nítrico, que es responsable de la relajación de los vasos sanguíneos, lo que provoca un aumento del flujo de sangre al pene. L-arginina funciona de manera similar. Tribulus terrestris, que es otro componente de los suplementos de potencia y contiene protodioscina, la convierte en la hormona DHEA y luego en testosterona responsable de la libido. La suplementación regular con extracto de Tribulus aumenta el nivel de testosterona libre en más del 40%. En la composición de los suplementos, es frecuente encontrar raíz de maca con un alto contenido en proteínas y arginina, que son los principales componentes del líquido seminal en los hombres, y fenogreco, que activa los glóbulos rojos y aumenta la cantidad de testosterona.

Muchos agentes contienen además sustancias que ayudan a eliminar las causas de la falta de erección. Es un conjunto de vitaminas y minerales (vitamina E, selenio, zinc) que todo hombre necesita para el buen funcionamiento no solo de los sistemas reproductivo y urinario, sino también para mantener la salud general y equilibrar los niveles hormonales. Así funcionan, entre otros Hoja de Damián, raíz de bagre, guaraná, arándano, azafrán o bayas de enebro brasileño.

Pocos hombres se dan cuenta de que los problemas recurrentes de potencia pueden ser el primer síntoma de una cardiopatía isquémica. Si no tiene una erección fuerte, es posible que su sistema circulatorio no funcione correctamente. Debe recordarse que los suplementos dietéticos de potencia no son responsables de la calidad del esperma y, por lo tanto, no pueden usarse como sustituto de productos que mejoran la fertilidad. Si las células reproductoras masculinas no pueden fertilizar, incluso las cápsulas o píldoras para aumentar la potencia no harán que la pareja quede embarazada.

¿Cómo usar suplementos dietéticos de potencia?

Independientemente del tipo de suplemento dietético de potencia, siempre debe tomarse de acuerdo con las recomendaciones del prospecto o empaque. Los preparados destinados a un uso regular (por ejemplo, Permen King) tienen una ventaja común. Un hombre no necesita planificar el sexo por adelantado y su capacidad para tener relaciones sexuales es constante todo el tiempo. Para notar los efectos, debes tomar este tipo de productos de forma continua durante un mínimo de 6-8 semanas.

También hay preparaciones que deben tomarse unos 30 minutos antes de la relación sexual (por ejemplo, EroTabs) o se usan en cantidades mayores, por ejemplo, 4 tabletas una vez al día (por ejemplo, Braveran).

Nunca exceda la cantidad diaria recomendada y vale la pena recordar que los suplementos dietéticos no deben usarse como sustituto de una dieta variada. Cada hombre debe cambiar adicionalmente su estilo de vida, dieta y reducir los niveles de estrés para ser un amante satisfactorio.

Los suplementos dietéticos de potencia mejoran la calidad de la vida sexual, aumentan la libido masculina, apoyan la vitalidad natural y hacen que un hombre tenga una erección fuerte cada vez que hay relaciones sexuales. Solo tiene que elegir el producto adecuado a sus necesidades para disfrutar del sexo a cualquier edad.

Nutrición y sexo: una dieta que conduce a la felicidad

Somos lo que comemos, y la dieta también se refleja en nuestra vida sexual. Por lo tanto, vale la pena prestar atención a lo que comemos para que el sexo sea aún más satisfactorio y traiga alegría todos los días.

La comida y el sexo permanecen en una relación hedonista: a quién no le gusta la buena comida y el sexo maravilloso ... Aunque los científicos han demostrado durante mucho tiempo que comer algunos afrodisíacos es solo un efecto placebo, nuestros antepasados no los evitaron. Los romanos comían uvas dulces, Moctezuma (el gobernante de los aztecas) probaba el chocolate para este propósito y los europeos comían testículos de toro. Y aunque no hay un ingrediente mágico, los nutricionistas dicen que ciertos alimentos que se comen regularmente comienzan a tener un efecto positivo sobre la libido y la potencia con el tiempo

Qué comer para desear

La dieta dichosa consiste principalmente en alimentos ligeros, aquí no hay lugar para platos grasosos, fritos o de harina que nos hacen sentir pesados. Todos los días, debe concentrarse en beber mucha agua para regular el trabajo del sistema circulatorio. Tiene un impacto directo en el buen suministro de sangre a los genitales: pene y vagina, lo que hace que las sensaciones sean aún más notables. La potencia está muy bien influenciada por los huevos de gallina, la leche y la carne roja, especialmente la carne de res. Esta última contiene una gran dosis de zinc y selenio, que en el caso de los hombres se traduce en la producción de espermatozoides y testosterona. Por supuesto, el selenio y el zinc se pueden complementar en forma de tabletas, lo que en la mayoría de los casos también afecta positivamente la erección, como otros suplementos que ayudan a aumentar la libido. Las verduras crudas y al vapor aportarán muchos micro y macro elementos necesarios, lo que también se traducirá en una mejora de las experiencias íntimas. Lo mismo ocurre con las nueces de Brasil, que evitan la oxidación del esperma, así como las semillas de sésamo o de calabaza (zinc y cobre) y las frutas llenas de vitaminas. Todos los ingredientes mencionados anteriormente también tienen un efecto positivo en la libido femenina, especialmente aquellos que contienen ingredientes que regulan el nivel de hormonas. Los suplementos exclusivos para mujeres también ayudarán. Los estimulantes tés de limón, jengibre y ginseng, que también se pueden complementar en forma de comprimidos, también son muy buenos.

Que evitar

Compartir comida y vino es uno de los tipos más comunes de juegos previos; no es de extrañar que casi todas las citas estén relacionadas con la comida. De ahí las cenas románticas a la luz de las velas y una copa de champán u otra bebida alcohólica. El alcohol a veces se usa como afrodisíaco porque pequeñas cantidades hacen que desaparezcan los frenos, lo que le permite abrirse y expresar sus sentimientos sexuales, pero las dosis más altas tienen el efecto contrario y le impiden tener relaciones sexuales, afectando negativamente su potencia.

Para muchas personas, el efecto de reducir el deseo sexual es, por ejemplo, la cerveza, así como algunas hierbas: cilantro, comino, espino y la hierba de San Juan. Su mezcla tiene un efecto calmante y perezoso, lo que se traduce en una falta de voluntad para tener relaciones sexuales. Las legumbres que fermentan en los intestinos y nos hacen sentir pesados también son una mala elección antes de un dátil. También se deben evitar los productos que contienen cafeína, incluido el café, que elimina el magnesio del cuerpo y reduce la vitalidad. Además, no tome más de dos bebidas descafeinadas al día. porque contienen metilxantinas que pueden empeorar otros síntomas no deseados. Vale la pena recordar que hay muchas formas de estimular, como los afrodisíacos naturales, como la Mosca española o raíz de mandrágora. Tienen propiedades que aumentan la excitación y la percepción de los estímulos sexuales a pesar del uso de una dieta a veces poco saludable.

En la cita perfecta

En una cita perfecta, la comida debe jugar primero. Los especialistas también le aconsejan usar 30 horas de ayuno y abstinencia antes de encontrarte con su amada o ser amado para agudizar sus sentidos durante las relaciones sexuales, y bajar de peso para mejorar levemente su autoestima. Gracias al ayuno, las glándulas salivales también funcionarán mejor, y más saliva garantiza buenos besos, buen sexo oral y unas sensaciones gustativas y olfativas más intensas. Una alimentación saludable también tiene un efecto positivo sobre el sabor y el olor de los espermatozoides.

Para una reunión a la luz de las velas, elija una variedad de refrigerios en lugar de un plato. Pueden ser espárragos, caviar, frutas, ostras, que son alimentos especialmente sexuales y estimulantes. Son húmedos, resbaladizos y se parecen a... los labios. Servirse la comida de boca en boca, vendar los ojos a su pareja, comer espárragos por los dos extremos hasta que sus labios se encuentren en un beso apasionado. Pónganse fresas en las zonas íntimas, échense aceite, lamen crema batida extremadamente erótica. La miel también será genial en este caso, su textura pegajosa y dulce estimula los sentidos. Pruebe también los artilugios comestibles eróticos: generalmente son dulces en polvo, y su dulzura hará que tenga energía y desee aún más las travesuras eróticas, especialmente con el caso de la ropa interior comestible y sabrosa. También vale la pena prestar atención a los lubricantes comestibles que potencian las sensaciones durante el sexo oral, y son totalmente seguros para la salud, sobre todo cuando tienen olor y sabor a chocolate...

También es importante recordar que además de lo que comemos, lo más importante es que lo hagamos juntos. Comer juntos puede ayudar y reavivar el fuego de la pasión que se desvanece. Es más económico que una visita a un centro de asesoramiento matrimonial, aunque requiere mucha preparación.

Capítulo 5
Consejos, trucos
y recomendaciones

En los capítulos anteriores hemos ido desmenuzando los problemas que aquejan a las parejas, citando a su vez los posibles caminos que conducen a las soluciones. A continuación, nos adentraremos a las respuestas y recomendaciones que otorgan los consejeros matrimoniales.

Maneras de redescubrir la pasión de la luna de miel

Al principio tenías muchas ganas de descubrir al otro, lo que deseaba y lo hacía vibrar. Unos años o unas décadas más tarde, la pasión ha disminuido. La buena noticia es que puedes reavivar la llama. Así es cómo:

- **Anima a tu pareja a tener una pasión**

La investigación muestra que nuestra atracción mutua crece cuando nuestra pareja está en su elemento y confiada. Puede ocurrir cuando él toca la trompeta o cuando programa un nuevo programa de televisión, cuando ella baila flamenco o cuando pinta acuarelas. Sean cuales sean sus pasiones personales, apóyense mutuamente y anímense mutuamente a continuar en ese camino. Identifique su área de excelencia y mire a su pareja con ojos nuevos, como si fueran extraños y se encontraran por primera vez.

- **Pasar tiempo el uno sin el otro**

Ya lo hemos dicho anteriormente, pero vale la pena reiterarlo. Puede parecer paradójico, pero lo mejor es no pasarse cada segundo de la vida pegados el uno al otro: es bueno para el deseo. Es especialmente importante algo de desapego para las parejas que pasan demasiado tiempo juntas. La expectativa les hace querer verse y pueden apreciarse mejor. Si trabajáis las mismas horas y hacéis todo juntos, haced el esfuerzo de reuniros con un amigo dos veces al mes o de planificar un viaje corto con un grupo de conocidos. Evitará que pierdas esa necesidad de volver a ver al otro.

- **Al menos una vez al día, muéstrale que lo aprecias**

Cuando comenzaron a salir, ¿recuerda cuánto amaban los pequeños toques que tenían el uno para el otro? Continúe esto para nutrir la relación con el paso de los años. Al principio, estás aturdido por el amor y la gratitud. Sientes gratitud por todas las pequeñas cosas que hacen juntos, las cosas que se dicen y los lugares a los que ambos van. Reconéctate con esa gratitud en lugar de dar por sentado tu relación.

Comience el día recordándole las cosas por las que le está agradecido, halagándola regularmente, diciéndole "Te amo", notando su nuevo vestido o corte de pelo. Si quiere fomentar el romance, déjele dulces en lugares incongruentes: cerca de la cafetera, en el cajón de su ropa interior, en la puerta principal donde el otro la verá antes de salir de casa, o incluso en un abrir y cerrar de ojos en la tapa del bote de basura.

- **Maneras de decir "te amo" sin decir esas palabras**

"¡Te amo!" Estas tres pequeñas palabras pueden traer alegría y felicidad al instante. Pero como dice el viejo adagio, las acciones hablan más que las palabras.

- **Elogie más**

A todo el mundo le gusta recibir un cumplido sincero. No importa cuánto esfuerzo le cueste, encontrar la palabra correcta para resaltar las cualidades o los logros de alguien es un muy buen hábito para adquirir. Un halago no se trata solo de la apariencia, sino también de la habilidad que alguien ha demostrado en un asunto. Y uno puede simplemente subrayar las cualidades personales.

- **Ofrecer un masaje de espalda o de pies**

En pareja, un masaje de espalda o de pies es una manera maravillosa de ayudar a que el ser amado se relaje. Después de un largo día de pie o sentado en una silla de oficina, esta muestra de cariño será bien recibida e interpretada como un verdadero gesto de amor. (Además, el masaje brinda algunos beneficios sorprendentes). ¡Los masajes son una de las cosas increíbles que hacen las parejas felices por la noche!

- **Tome la iniciativa en las tareas del hogar**

Si alguien a quien ama tiene exceso de trabajo, ayúdalo con las tareas del hogar. ¡Puede que tenga que hacer tareas desconocidas mientras mantiene una bonita sonrisa! Lavar los platos, fregar la ropa o incluso preparar las comidas puede aliviar mucho la presión y proporcionar una prueba inequívoca y silenciosa de su amor.

- **Esperar su regreso**

Si su cónyuge planea llegar a casa muy tarde del trabajo, de un juego o de un viaje, ¡quédese despierto y espérelo! Incluso si tiene su llave, que un ser querido te abra la puerta en medio de la noche es muy reconfortante. Es una prueba de amor que no pasará desapercibida.

- **Comprar flores**

Las flores son una forma única de decir "Me preocupo por ti". Si es la época del año en la que su jardín está en plena floración, elija un ramo, colóquelo en un jarrón y déselo a alguien que le importe. Encuentre una planta o flor en el mercado público que complacerá especialmente a la persona objetivo. En su defecto, cómprelas en el supermercado y haga un bonito ramo con ellas.

- **Dejar una nota**

La nota adhesiva es un gran invento. Este papel de colores puede contener pequeños mensajes de amor útiles para fortalecer a la pareja, incluso cuando el tiempo apremia. Deje una nota en la lonchera, en el espejo del baño o en el espejo retrovisor del auto, en una mochila o maletín. ¡Haga este hábito y comparta aún más amor!

- **Tratar de hacer su trabajo**

No tiene idea de qué se trata llevar el reciclaje a la acera, limpiar la arena para gatos o pagar las facturas, porque la otra persona siempre lo está haciendo. Pero si solo lo hace una vez, sabrá exactamente cuánto esfuerzo requiere. No tenga miedo de tomar la misma iniciativa fuera de las tareas del hogar. Aproveche las hojas de cálculo de su esposa, que es contadora pública, o ayude a su esposo a prepararse para su clase de Secundaria. Le permitirá experimentar la vida diaria de su pareja. Entonces apreciará mejor los pequeños matices que no siempre ve, y empezará a notarlos, lo que será realmente bueno para su pareja.

Intente hacer estas cosas juntos por la noche para animar su relación.

- **Tome la iniciativa en su vida sexual con más frecuencia**

Durante el período de la luna de miel, el sexo parecía espontáneo; y, sin embargo, ambos estaban pensando en ello. Por ejemplo, si sabía que iba a pasar la noche en su casa el jueves, probablemente se afeitabas las piernas con anticipación. ¡Y esa anticipación hizo las cosas tan emocionantes! Recrea estos sentimientos poniendo sexo en el programa y creando anticipación con pequeños coqueteos e insinuaciones hasta que se deslice por las sábanas. Ambos se sorprenderán de cómo pensar en el futuro aumenta su libido y los lleva de regreso a esa época de luna de miel. Estos estímulos de la libido le permitirán tener más placer en la intimidad.

- **Planifique salidas nocturnas espontáneas y divertidas**

Cuando el amor es incipiente, las citas nocturnas son especiales. Ahora que tiene poco tiempo, hijos, el estrés de una casa que mantener y un trabajo, las salidas representan toda una logística. Aun así, es muy importante recordar esas fechas: te ponías la mejor ropa, mirabas al otro con fervor a los ojos, te interesabas en lo que decía, le sonreías. Recuerde por qué se enamoró y por qué esas fechas fueron tan importantes. Vayan a un concierto al aire libre y lleven una canasta de picnic y vino, si está permitido. Estos conciertos suelen ser gratuitos. ¡Qué gran oportunidad para pasar una noche maravillosa con los demás! O asistan a un restaurante interesante; compartan un entrante y una botella de vino y haga que esta cena dure. Hágalo tan a menudo como lo permita su presupuesto, y al menos una vez al mes.

- **Aproveche el poder del tacto**

Tocarse es una manera de acercarnos y reconectarnos cada día. Incluso simplemente tomarse de la mano libera oxitocina (la hormona del amor), que puede mejorar la empatía y la comunicación en una relación. Tome su mano, no solo cuando camina por la calle, sino en casa, por la mañana cuando se levanta y por la noche antes de irse a dormir. No hay necesidad de hablar. Solo sea consciente del calor de su mano. Aprecie la familiaridad de su piel y su energía. Deje que este simple contacto lo tranquilice.

- **Sorprenderse mutuamente con regalos**

Una rosa, un par de medias o cualquier otro pensamiento demuestra al otro que es el amor de su vida. Es una forma sencilla y reconfortante de estar cerca y mantener la llama encendida. Al comienzo de su amor, hicieron pequeñas cosas encantadoras el uno para el otro. Y luego, con el tiempo, bajaron la guardia, se mantuvieron ocupados con otras cosas y la novedad se desvaneció. Le pasa a casi todo el mundo. Reavive la alegría en los ojos del otro cuando descubra estos pequeños regalos, y recibirá aprecio y gratitud por sus pequeños toques a cambio. ¡Como al principio, cuando estaba cortejando!

- **Atento a los estados emocionales**

Debería ser como una conversación importante sobre su relación. Puede ser tan simple como pasar 15 minutos juntos en el sofá hablando sobre lo que le hizo feliz o lo conmovió. Las tareas diarias realmente pueden bajar la llama en una relación. Pero si hace el esfuerzo de interesarse genuinamente por el estado de ánimo de la otra persona, por sus sentimientos sobre su vida y su relación, se acercará más. Al acostarse por la noche o durante las comidas, pregúntele cuál fue el mejor momento del día y por qué. Es posible que se sorprenda de lo que la otra persona encuentra significativo. Es posible que se ría de sus respuestas mientras revive los eventos del día juntos. Tal actitud lo llevará a descubrir cosas nuevas de su pareja, a compartir sus alegrías.

- ### **Recree su noche de bodas**

En memoria de aquella noche, redescubra vuestros sentimientos y vuestra inmensa felicidad durante las relaciones sexuales de entonces. "No hay nada como el amor de la noche de bodas". Trate de revivir eso con los sentimientos y la alegría inconmensurable de pertenecerse, de estar juntos. Sin ropa, o lo que sea que usó en su noche de bodas. Las guardas en alguna parte. Ve a buscarlas y úsalas de nuevo… ¡si todavía te quedan bien! Te sentirás abrumado y conmovido al ver resurgir todos tus recuerdos.

- ### **Ir de vacaciones**

Cree una zona de no responsabilidad alejándote de su casa y de su vida normal, aunque sea por unos días o solo una noche. Un hotel económico en la ciudad donde vive pueden ser suficientes para despejar su mente de todas las preocupaciones del hogar. Las responsabilidades pueden matar el deseo. Si puede alejarse físicamente, puede volver a tener una luna de miel después de años de convivencia. Hacer algo fuera de lo común juntos trae de vuelta el deseo. Y mientras lo hace, desenchufe todos los aparatos electrónicos para recuperar la atemporalidad.

Cosas que hacer en pareja para divertirse

¿Su pareja necesita salir de la rutina? Es normal. Le ofrezco cosas para hacer en dúo para divertirse y así potenciar el amor y la complicidad:

- **Hacer una sesión de fotos**

Puede optar por hacer las fotos usted mismo, pero atrévase a concertar una cita con un fotógrafo profesional. El resultado probablemente será más interesante. También aproveche la oportunidad de mirar sus fotos antiguas, imprima sus favoritas en lugar de guardarlas en la computadora y luego organícelas en álbumes.

- **Participe en un juego de escape**

Combine sus habilidades, talentos e ingenio rápido para resolver varios acertijos para escapar de una habitación en un juego de escape. Una actividad que le saca de su zona de confort y le obliga a unir fuerzas, más que nunca. ¿Quién sabe si no descubrirá un nuevo lado de su pareja?
Esta actividad puede revelar si realmente son compatibles.

- **Decorar como un dúo**

Probablemente haya decorado y redecorado el interior de su casa, pero quizás descuidó el exterior. Encuentre proyectos de bricolaje en Pinterest o en YouTube para crear bonitas decoraciones frente a su hogar. También puede planificar la distribución de su terraza. Comience ahora preparando sus planes y creando un tablero con sus mejores ideas.

- **Ordenar por color**

La limpieza no es la actividad más interesante. Te lo concedemos. Pero si está haciendo un hogar creativo, es totalmente diferente. Organice sus cajas de DVD o libros por color. ¡Un efecto impactante para su hogar y decoración! Y como le gustan los colores, vuelva a pintar una habitación con un color cálido y vibrante. Esta actividad es ideal para eliminar el estrés.

• Recrea la magia

El amor ha durado años entre ustedes, pero esa no es razón para no reavivar su pasión. Recree su primera cita. Otra idea: recorran todos los lugares importantes en sus primeros años. Esto les permitirá revivir muchos momentos hermosos.

• Visiten casas

No se limiten a mirar las casas en venta en la web: salten a todos los "recorridos autoguiados" y actúen como si estuvieran buscando su próximo nido de amor. ¿Quién sabe si no le darán ganas de cambiar de escenario?

• Suban al cielo

¡Y salten! Aquí está su próximo destino loco. Reserve un paseo en globo aerostático, planee un salto en paracaídas o tome un curso de piloto de un día. Descubran cómo subir al séptimo cielo.

• Desaten su locura

¡Volverse loco le da sabor a la vida! Jure que cada vez que vea un fotomatón (cabinas públicas para sacarse fotos), irán a tomarse fotos. ¡Multiplique las muecas, los pucheros cómicos y los besos improvisados! Tendrán un montón de fotos divertidas para deslizar en su billetera. ¡Tradición simpática de los amantes! Es mejor que algunas fotos se mantengan en privado.

• **Jugar al minigolf**

¿Quién puede ser totalmente serio mientras juega al minigolf? Hay muchas canchas cubiertas y algunas incluso "brillan en la oscuridad". ¡Tómense un tiempo para divertirse en las salas de juegos que a menudo rodean estos lugares! ¡Una buena sesión de liberación!

• **Participen en la comunidad**

Ofrézcanse como voluntarios para abrirse a su comunidad, pero también a la realidad de los demás. Consulte su centro de voluntarios local para encontrar una forma de voluntariado que coincida con su estilo de vida y valores. ¡Cambiar el mundo juntos es gratificante!

• **Retratar al otro**

No se tome demasiado en serio y pruebe este experimento: dibuje las facciones de su pareja. Saque un cuaderno de bocetos grande y lápices, luego déjese llevar. Para poder dibujarlo bien, debe prestar una atención especial, y quizás nueva, a sus rasgos. Un ejercicio que no solo deja huellas en la superficie... Emociones de esperar... Es increíble ver cómo le percibe la otra persona.

• **Salir bajo la lluvia**

Es posible que tienda a mantenerse abrigado en su casa cuando el clima está empeorando. Sin embargo, puede ser fantástico salir cuando llueve o cuando nieva para ver la vida de otra manera. Y eso le da una buena razón para juntarse bajo un gran paraguas. No sea prisionero del clima y sea más astuto que él sin demora.

• Aprender un nuevo idioma

¿Español? ¿Italiano? ¿Alemán? ¿Qué idioma extranjero le atrae? Si le interesa más o menos la opción de hacer un curso en dúo o incluso lecciones en su tablet, al menos podría descubrir en dúo diferentes formas de decir ciertas palabras dulces en otros idiomas. ¡Un reto estimulante!

• Cambiar la televisión

En lugar de pasar toda la noche en su sofá frente al televisor viendo programas de política, gire a otros tipos de entretenimientos. Participen en un concurso de televisión o asista a las grabaciones de varios programas de televisión. Consulte los principales canales de televisión para registrarse. ¡Una experiencia memorable!

• Participe en una cata

¿Vino? ¿Escocés? ¿Cervezas? Hay muchas catas y mini-cursos de vinos, cervezas y licores. ¿No tienes ganas de mezclarte con los demás? Planifique una velada a la semana en la que degustarás un nuevo cóctel o un nuevo vino. Lo importante es encontrar la fórmula que más le convenga dejando espacio para el descubrimiento.

Conclusión:

Los conflictos de pareja, ya sean leves o violentos suponen una gran tensión para los integrantes de la familia porque amenazan una base esencial de nuestra vida. Los conflictos de pareja duraderos significan estrés crónico, que tiene un impacto masivo en nosotros tanto física como mentalmente. Por lo tanto, las crisis de pareja más largas pueden poner en peligro significativamente nuestra salud y nuestra visión de la vida.

Resolver los conflictos de pareja puede, por tanto, ser muy sanador. En la terapia de pareja, las personas pueden aprender a tratarse mejor consigo mismas y entre sí, por ejemplo, con las propias debilidades y heridas mentales y con las de los demás. Si esto tiene éxito, la pareja volverá a tener experiencias de relación más positivas y, por lo tanto, curativas entre sí, en lugar de agravar aún más los problemas psicológicos y físicos existentes. Por lo tanto, tenga en cuenta seguir los consejos de este libro para mejorar su relación sentimental y de vida con la persona que ama, o solicitar ayuda profesional para recuperar lo que tanto le ha costado construir. Buena suerte con la empresa, y espero que este texto le haya sido de utilidad.

#######